Konan Blessing

l'expression du cœur brisé

Konan Blessing

l'expression du cœur brisé

Malina

Éditions Muse

Imprint

Cover image: www.ingimage.com

Publisher:
Éditions Muse
is a trademark of
Dodo Books Indian Ocean Ltd., member of the OmniScriptum S.R.L Publishing group
str. A.Russo 15, of. 61, Chisinau-2068, Republic of Moldova Europe
Printed at: see last page
ISBN: 978-620-2-29742-4

Le remords de Bellaime

Pourquoi suis-je cafardeux

Pourquoi suis-je amoureux

Sinon je serai heureux

Comme le vent dans les cieux

Si tu veux être heureux

Pourquoi chercher celle qui va te rendre malheureux

Car toute douleur est cause de quelque chose

D'où vient ta cause

D'où vient ta douleur

Ou ton malheur

N'est-ce pas toi qui l'avais invitée

Pourquoi te plains-tu de l'avoir invitée

Si tu ne voulais pas te blesser, pourquoi t'amuses-tu avec une lame

Pourtant tu savais que la lame est la peine de l'âme

L'amour n'a jamais été sincère

Il a toujours été l'enfer

Quand une femme commence à t'aimer très fort

Sache qu'elle t'emmène vers ta mort

Ne t'abuse pas à boire ses lèvres

Car elles puent comme la peau d'une chèvre

Ses paroles sont si mortelles

Que l'arme d'un fils rebelle

Fais attention à ses caresses

Elles sont si toxiques qu'une fesse

Le malheur de l'œil vient de ce qu'il a vu

C'est pourquoi le cœur souffre pour ce que l'œil a vu

La bouche provoque les larmes de l'âme

En voulant suivre une femme

Ses plus grands projets ont été égarés

Sa vie est maintenant foirée

Tous ses rêves sont emportés par le courant d'amour

Le courant d'amour l'a joué un tour

L'arme la plus mortelle est la femme

Pourtant l'on ne fait attention à ses flammes

Il se laisse emporter par son vent

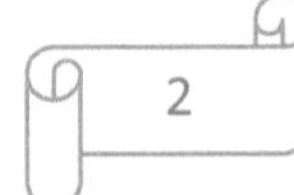

Où il finira très mal dans le temps

Ceux qui prennent goût du sexe

Finissent très mal entre deux fesses

Si une fille te donne à boire

Fais un effort pour y voir

Car tout ce qu'elle te donne n'est pas beau

Il y a aussi du faux

Mettre sa confiance en une fille

C'est comme croire au mythe que les gens racontent un peu partout dans la ville

Le malheur de l'homme vient de lui-même

Il se détruit lui-même

Si tu es trop content

Ne promets pas sinon tu mentiras au temps

L'on dit qu'être dans les bras d'une femme

C'est d'être au petit paradis

Or les bras d'une femme sont comme un battoir disait mon papy

Un battoir dans lequel elle tue

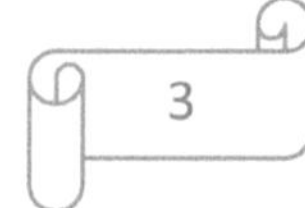

Et elle tue à main nue

Rien comme elle ne tue froidement

M'avait dit mon papy auparavant

Je discutais son affirmation mais les preuves me rappellent

Les dires de mon papy quand je suis souvent seul

Je voyais la tête que faisait mon papy quand il parlait

Il était indiscutable car il savait de quoi il parlait

Il disait qu'aucune, aucune d'entre elles

Ne pourra être fidèle

Et moi, je disais le contraire

Aujourd'hui toutes ces preuves vécues me font taire

Le sexe est comme la drogue

Quand on la goute, on ne peut plus s'en passer

Même les conseils des parents sont souvent foulés aux pieds

Les oreilles plus têtues que le désir sexuel

En s'adonnant aux abus sexuels

Celui-ci ignore le conseil des parents

Mais comprend plus vite les conseils des conséquences du temps

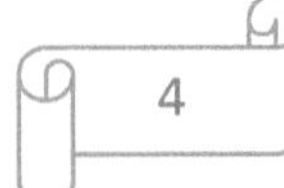

Et moi qui croyais avoir une belle fleur

Me voici aujourd'hui tout seul en pleurs

Quel est ce sentiment qui me remplit souvent de joie

Et qui revient encore me ronger le foie

Il fallait ça, que je me déchire le cœur

Afin d'ôter en lui cette soit disant fleur

Pour que cette stupide histoire se termine pour de bon

M'entendre dire, Il semble être facile comme le don d'un bonbon

Pourtant cela m'a fait un mal de chien

Je me suis mis à hurler toute la nuit comme un chienchien

Qui avait perdu une de ses jambes

Et oui, pour moi, c'était plus qu'une jambe

C'était la douleur du cœur brisé

Un cœur mutilé de son entier

J'ai dû tuer cet amour

Pour qu'à jamais je ne le revive

Car quel est cet amour qui fait sourire aujourd'hui

Et demain, nous donne la mort de l'âme

Je l'ai entendue dire avant-hier :

« Chéri, je ne peux pas vivre sans toi

Ma vie n'a aucun sens sans toi

Je veux avoir un enfant avec toi

Tu me manques beaucoup

Je me garderai jalousement pour toi ! »

Hier encore, je l'ai entendue dire :

«Chéri, vaut mieux qu'on se quitte

Ça doit finir entre nous

Je suis désolé mais je n'ai pas le choix ! »

Et aujourd'hui encore, je l'entends dire :

« Je te demande pardon pour ce que je t'ai dit hier

J'ai failli briser notre amour

Pardonne-moi mais j'ai été manipulée par ma sœur

C'est elle qui voulait que je te dise ça

Pardonne-moi ! »

Est-ce ça l'amour ?

L'amour n'a rien d'autre à faire qu'à peiner les cœurs

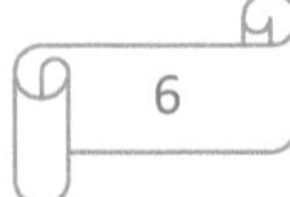

Tomber amoureux c'est mettre en prison son cœur

Alors pourquoi l'amour

Je me suis longtemps assis pour cogiter sur l'amour

Ah l'amour ! Quel phénomène ?

Qui nous emmène

Tantôt en joie, tantôt en pleurs

Si je savais écouter ma conscience, je ne serai pas aujourd'hui en pleurs

La lame de l'amour a déchiré mon cœur

La mauvaise rose à épines a transpercé mon cœur

Elle m'a laissé des soucis inoubliables

Elle a rendu ma vie à plat comme une table

Mes soucis sont si immenses que le silence de la mer

Si seulement je savais écouter ma mère

Mon cœur ne serait pas blessé aujourd'hui

Mes larmes ne seront pas en train de couler aujourd'hui

Quatre ans plutôt

J'ai été victime d'un chagrin d'amour

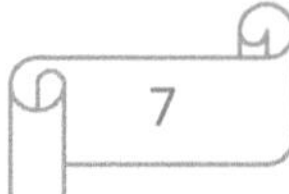

Celle-là, une fille dont je suis sérieusement tombé amoureux

Lors d'une sortie galante, m'a rendu malheureux

Ce soir-là, bien sapé dans mon beau costume

Comme chez nous, déconseillé par notre coutume

Nous ne devons pas frapper, ni violenter la gente féminine

Or ce jour-là, elle m'a brisé le cœur

En voyant un autre homme la tenir comme une fleur

Assis dans un endroit pénombreux

Et ils étaient heureux

Sa main sur sa cuisse en la caressant au sens de poil

Et elle, les bras sur ses épaules

Buvant à leur tempo leur boisson

Sans aucun souci sur leur raison

Pourtant, j'étais sensé être avec elle

Ce soir-là, elle devrait être dans ma parcelle

Hélas, elle me plongea dans une tristesse

Elle ôta en moi mon instinct d'allégresse

Pan ! Je me retournai sur mon lit

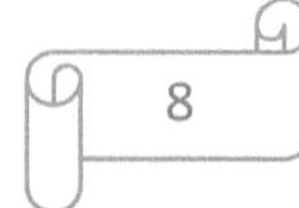

Je compris qu'elle m'avait vraiment laissé seul au lit

Oui, elle est partie pour toujours

Son départ a été comme le coucher du jour

Elle a disparu tout d'un coup dans ma vie

Et ça m'a fait mal, très mal, très très mal

Je ne supportais pas la perdre comme les gonades d'un rat mâle

Et pourtant, je l'ai perdue

Je regrettai de l'avoir perdue

Mais j'ai su que j'avais bien fait de m'éloigner d'elle

Ici, je suis à toi, ma belle Malina

Je ne peux vivre loin de toi, ça tu le savais

Je pouvais vivre sans habits

Je pouvais vivre sans boire

Mais je ne peux pas vivre sans te voir

L'amour que j'ai pour toi est intarissable

Même s'il est aujourd'hui devenu désagréable

J'aimerais toujours te voir comme au temps jadis

Où je me rassasiais du miel de tes lèvres dans ton beau paradis

Où es-tu aujourd'hui

Maintenant que j'ai besoin de toi plus que jamais

C'est là que tu me quittes à jamais

Pourquoi es-tu devenue ainsi cruelle

Toi qui autrefois étais la plus fidèle

Mon corps étant une source de larmes

S'est complètement vidé de larmes

J'étais peiné

Tellement peiné

Que j'allai à son lycée

Il était midi et le lycée vomissait de nombreuses têtes de fleurs

Mais il y avait une seule qui était ma fleur

Je cherchai parmi ces nombreuses têtes que vomissait ce lycée

Celle que j'aime, mais je ne la vis point parmi ces élèves du lycée

Ah où es-tu ma princesse aux lèvres sucrées ?

Me demandai-je

Je restai immobile comme un robot, les larmes aux yeux

Suppliant la grâce des cieux

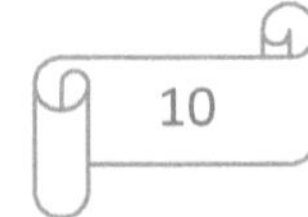

Pour qu'ils me mettent sur la voie de ma bien-aimée

Je l'ai perdue, ma bien-aimée

Chantonnant en pleurant

J'étais vraiment marrant

Ce soir-là, j'appelai à maintes reprises

Mais nul ne répondait à mes reprises

Je fis tout mon possible pour m'y rendre

Je me croisai avec sa grande sœur qui ne voulait rien comprendre

Je coulai toutes les larmes de mon corps

Mais elle me dit : « elle dort » !

Pourtant faux ; tout ce qu'elle me disait était faux

Cependant mon regard fit un grand saut

Regardant à la fenêtre

Cherchant avec appétit ma bien-aimée

Ma princesse aux lèvres sucrée

Sachant qu'elle ne dort pas et qu'elle mourait

Aussi d'une folle envie de me voir, elle rêvait

Je connais journellement les larmes d'une femme

Mais rares sont les larmes d'un homme

Et moi depuis son départ, je dors dans mes larmes

Car l'arme qui m'a peiné est plus tranchante qu'une lame

Elle a déchiré mon cœur

Elle a brisé mon cœur

Je ne vis plus, je vivote

Celle que j'aimais dans le temps passé

N'a plus goût à mes yeux

Car il fallait ça

Il fallait que je l'enlève de ma vie

Pour que je puisse vivre, aujourd'hui, je vis

Je vis parce qu'elle n'est plus dans ma vie

C'est parce que je l'aime que je me suis forcé de l'oublier

C'est parce que je l'aime que je l'ai quittée

Sa séparation a laissé une cicatrice énorme

Dans mon cœur, dans ma pensée et même dans ma conscience

J'ai perdu envers les filles, toute la confiance

Et me voici chantonnant les pleurs de mon cœur brisé

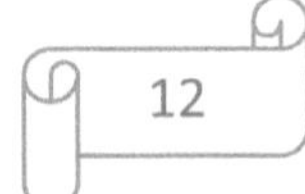

Malina, l'unique raison de mon amour

Malina, la fille pour qui mon cœur bat

Malina, de qui es-tu amoureuse

Si vraiment tu es amoureuse de moi

Pourquoi es-tu partie loin de moi

Ô triste, triste est mon cœur

A cause d'une fleur

Ah que je l'aime

Bien que tu n'étais pas d'accord

Comme je m'en veux de t'avoir caché nos accords

Quelque soit ta décision, sache que je l'aime

Je ne saurai la quitter car

Sa voix, son regard, sa présence et ses galanteries

Sont devenus les membres intimes de mon cœur

Seul, sous l'ombre de la nuit noire

Où ta présence devenait un rêve

J'avais perdu ma présence en moi pendant ce rêve

Je suis triste, ô monde insensible

Ma peine est grandement visible

Mon visage est devenu l'écran de ma peine

Sur lequel l'on pouvait lire cette sublime tristesse

Cette tristesse qui a rongé mon allégresse

Je n'ai aucune raison de vivre

Mon visage est devenu comme un large livre

Dans lequel tout le monde pouvait y lire

Lire la tristesse qui m'encombre

Cette tristesse qui m'a rendu sombre

Sombre comme un caméléon

Je papote sans aucune raison

Hier, j'étais amoureux

Et aujourd'hui, je suis cafardeux

Hier, j'étais heureux

Et aujourd'hui, je suis malheureux

Je pleure sans cesse

Je me lamente sans cesse

Ah l'amour, pourquoi l'amour

Il n'est plus digne d'être appelé amour

Car il s'est enveloppé dans le corps de l'amour

Or en réalité, il n'est pas l'amour ; il est la haine

Sache que, mon amour, même la distance

Sache que, ma bien-aimée, même le silence

Ne pourrait ralentir notre sentiment

Ce sentiment ne saurait disparaître si facilement dans le vent

L'amour véritable ne meurt jamais, jamais

Le cœur amoureux ne cessera jamais de battre, jamais

Il battra toujours pour celui qu'il aime

Ou pour sa bien-aimée, celle qu'il aime

Ma bien-aimée à moi est bien née

Elle a un très joli nez

Son regard affaiblit les nerfs de ceux qui la regardent

Tous meurent envie d'elle, ils la regardent

Plus ils la regardent, ils tombent sous son charme

Plus elle les choque, ils perdent le gout de son charme

Elle est douce ma bien-aimée, son regard est fatal comme une arme nucléaire

Sa séduction transperce les cœurs telle une éclaire

J'en ai vu des belles filles

J'en ai connu des jolies filles

Mais aucune n'avait une beauté semblable à celle de ma bien-aimée

Qu'est-ce qu'elle est belle ma bien-aimée !

Sa démarche est tel un cinéma, un beau spectacle

La voyant marcher, mes yeux ont fait d'elle un beau spectacle

Son visage a une beauté sans fin

Sa présence avale ma faim

Ma bien-aimée a une peau dont l'éclat fait taire le soleil

Son sourire est comparable aux rayons du soleil

Elle a de beaux cheveux naturels qui lui tombent sur les épaules telle une reine indienne

Ma bien-aimée est une très belle femme africaine

Elle a des dents si blanches comme du coton

Ma bien-aimée à moi est belle sans raison

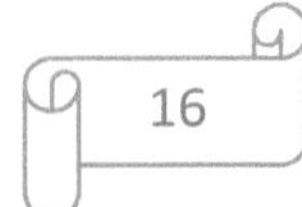

Sa forme est si belle comme une colombe

Elle met debout mes regards qui tombent

Mes yeux adorent l'admirer comme un écran

Elle a un regard très séduisant

Cependant, je suis privé d'elle

J'ai été forcé et violenté, tuant en moi le zèle

J'ai été séparé de ma princesse aux lèvres sucrées

Aujourd'hui, cette douce lèvre

Sur laquelle je restais souvent ivre

Ô triste, triste est mon âme

Sans elle je suis comme un soldat sans arme

Je me suis laissé dire qu'elle voulait que je lui laisse tranquille

C'est pourquoi, depuis en ville

Elle avait fait preuve d'une indifférente

Quand j'ai entendu cela, mes larmes me laissèrent point indifférentes

Lorsque je vis mes larmes couler

Je sus que c'était vraiment terminé

Je vis le sourire disparaître de son visage
Son regard tristement perdu dans le paysage
Sa langue mélancoliquement muette
Brusquement calme comme le silence d'une buvette
Ses yeux vivement rouges comme une bouteille de Wiski
Coulant des larmes qui intimidaient mon kiki
Mes yeux sont devenus une source intarissable de larmes
Ma conscience est devenue le fouet de mon âme
Je pleure sans cesse
Je me lamente sans cesse
J'ai incarné dans mon âme un poison qui me ronge
L'amour est le culte du mensonge
Je le savais très bien et je l'ai invité dans ma vie
Il a tué mes nouvelles envies
Mes larmes sont devenues un fleuve qui coule sans arrêt
Son départ a donné un coup froiduleux à ma fête
Mes yeux se sont à nouveau plongés dans leur lac
Lorsque je la vis s'éloigner de moi

Je la regardai s'éloigner surement et certainement de moi

C'était vraiment vrai

J'ai vu pour ma première fois les larmes d'une fleur

Je vis ses larmes s'échapper de ses yeux comme une vapeur

Les larmes des fleurs ne sont pas comme les nôtres

Elles sont différentes des vôtres

C'est de ses yeux que je vu le charme d'amour

C'est avec elle que je connu le retour

C'est avec son regard et son sourire

Qu'elle m'avait avoué son premier amour

C'est avec un simple sourire qu'elle réussit à prendre mon cœur

C'est avec un simple regard qu'elle changea complètement ma lueur

C'est avec elle que je me sens heureux

C'est avec elle que je me délie d'entre les malheureux

Depuis que j'ai connu son sourire

Elle a donné à mon cœur le bonheur du sourire

C'est à ses cotés que j'ai connu le charme de l'amour

Vivre l'amour c'est vivre l'enfer

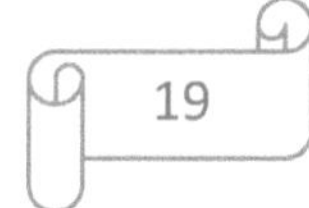

J'ai reçu un coup violent, ma tête est comme du fer

Que l'on a mis au feu

J'ai renoncé à tous mes vœux

Je la connais, c'est une menteuse

Je la connais, c'est une envieuse

Me disais mes ennemis et mes amis

Mais je disais à ces amis

Ce que l'on trouvait bizarre chez elle

Telle qu'elle était, moi j'étais amoureux d'elle

C'est ce qui était son charme, c'est là, sa séduction

Même si elle va loin de ma nation

Je la retrouverais et je l'aimerais encore

Et même si l'on qualifie cela comme un sort

Je continuerais toujours à l'aimer

Jamais je ne cesserai de l'aimer

Même si ma langue devienne muette

Je trouverais un autre moyen de chanter ma Juliette

Elle est tellement importante pour moi

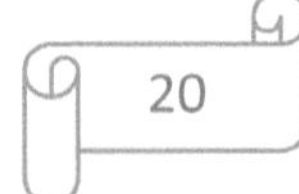

Qu'à peine, je ferme les yeux

À peine, elle m'envoie aux cieux

Ses lèvres si douces et chaudes me manqueront

Ses caresses me manqueront

L'amour devrait être baptisé sous un autre nom

Il devrait être appelé la peine, ça serait son nouveau surnom

Car quiconque se confie à lui meurt d'angoisse

Là, tous les amoureux le confessent

Ils ont trouvé que des pleurs au centre de l'amour

Pourtant à l'entrée, l'on pouvait bien lire l'allégresse

À travers les indices de l'amour

Oh, malheur à vous ; les adorateurs de l'amour

Je pleure et je soupire dans mon âme

Tandis que d'autres encore jouent avec cette même arme

Mon drap est devenu l'amortisseur de toutes ces larmes coulées

Mon lotus est devenu le consolateur de ce visage morveux

Ce visage qui ne pleure pas

Mais implore Dieu par sa silencieuse voix

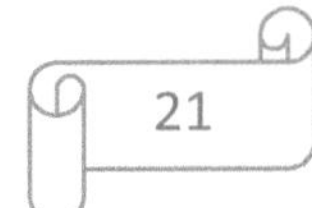

La nuit a consolé mon cœur

Il a couvert les blessures de mon cœur par sa douce lueur

La nuit a avalé mes soupires

Maintenant j'ai un beau visage plein de sourires

Mes pleurs sont morts depuis la nuit dernière

Je suis plus en forme qu'une rivière

J'ai tellement pleuré que les larmes coulent

Toujours sur les joues de mon sourire

Mon cœur est toujours en pleurs bien qu'il convoite le sourire

Ma cause à moi est unique

L'autrui ne peut porter une critique

À ce que je fais

Car je suis le seul fait de mon fait

La lame qui m'a blessé

Est toujours restée

Dans ma main et continue à me blesser encore et encore

Bien qu'elle me blesse fort

Cependant elle reste inséparable de ma main

Et me blesse chaque matin

J'ai chouravé le vœu du plaisir

Et me voici entre les dents du désir

Mes larmes sur les joues de ma bien-aimée

Mes désirs ont été refoulés

Mes rêves m'ont été bravés.

La part de vérité

Je souffre, pas parce que j'ai tué

Mais pour une simple raison du fait que j'ai aimé

Pour cette simple raison

Je suis trimbalé comme un hameçon

Dans la gueule d'un poisson affamé

Un être barbare qui se dit civilisé

Veliône, la tueuse de rêve est apparue dans mes sentiments

Hélas, je crains le dégât de son violent vent

Elle déracine tous les cœurs enracinés dans l'amour

Et leurs joue un mauvais coup

Les pleurs sont inutiles à ses yeux

Elle ignore les vœux

Veliône est vraiment sans cœur

Elle a réussi à briser mon cœur

Quand je pense à ce qu'elle m'a fait, ah !!!

Or elle se tue seule sous son toit

Je comprends pourquoi elle est aussi cruelle

Car aucune abeille ne veut de son miel

Je ne dirai pas que ma puissante Veliône se cache pour mourir

Sinon je l'arracherai son vilain petit sourire

Comme si c'est ce qu'elle n'avait jamais fait

Avec ses petits yeux noirs et laids

Elle n'a jamais connu l'amour qu'avec ses doigts

C'est pourquoi elle bafouille tous les droits

Veliône, je ne t'en veux pas

Mais s'il te plaît, efface tes pas

Sur le chemin qui me lie à ma bien-aimée

Ma princesse aux lèvres sucrées

Sinon je serai cruel, très fatal à ton égard

Je viendrai couvrir de honte ton stupide regard

Ma bien-aimée et moi nous nous aimons

Pourquoi t'opposes-tu contre notre union

Pourquoi, Veliône

Tu es plus méchante qu'une lionne

Je te comprends, Veliône

C'est parce que tu n'es pas mignonne

Tu as dévoré ta beauté par tes actes

C'est pourquoi tu n'es plus apte

L'amour t'ignore

Donc ta conscience te dévore

Si tu savais qui tu étais

Tu allais savoir que nul n'était parfait

Quand nous savons que ce que nous avons fait pendant la nuitée

Est affiché sur l'écran de la journée

Toi, Veliône, je te croyais plus gentille qu'Avamélone

Pourtant faux, tu n'es guère bonne

J'ai vu tes œuvres, toi Veliône

Et j'ai vu aussi celles d'Avamélone

Tu ne vaux pas mieux qu'elle

Tu as tué pas mal de sentiments qu'elle

Quand tes doigts te seront arrachés, tu mourras de solitude

Quand tu n'auras plus tes doigts, tu mourras d'inquiétude

Tu m'as mis dans le souffle humide de la nuit

Pensant que j'allais mourir dans ma solennelle

Et pourtant, je plane encore dans l'amour comme une hirondelle

Jamais je ne serai nu

Comme tu le pensais, Veliône

Je suis encore plus résistant qu'une lionne

Une lionne affamée de chaire

Elle ne saura se taire

Tu as cru tuer ma volonté par tes actions

Or tu savais qu'à jamais, ne meurt une affection

J'aime ma bien-aimée, la déesse de mes sentiments

Elle me permet des bons moments

Ah comme c'est bon d'être avec celle qu'on aime

Celle qui nous plaît n'est pas celle qu'on aime

Veliône, la fille au sourire rare

La fille aux larges yeux comme des phares

Regarde Veliône, quand tu tueras le sentiment dans le cœur de ma bien-aimée

Tu regretteras d'être née

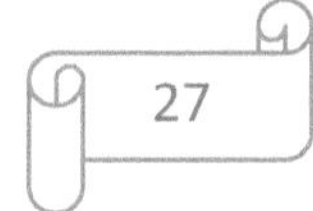

J'aime Malina, la douce fille au charme galant
La fille aux yeux éclatants
Malina, la douce voix qui murmure dans les veines de mon cœur
Malina, la fille au doux regard
Pour toi, je laisserai veiller mes phares
Mes phares d'amour qui adorent le courant de ton regard
Tes yeux sont tel un courant qui pénètre mon corps à la lumière de ton regard
Pour moi, tu es comme une fleur matinale
Ta beauté n'est point fatale
S'il faut l'air dans une vie
S'il faut l'eau dans la vie des plantes
S'il faut la coloration verte pour les menthes
Pourquoi pas toi dans ma vie
Les oiseaux ont chanté pour le beau jour
Les arbres ont dansé pour ce jour
Et moi, je chante pour ta beauté
Puis mon cœur danse pour cette belle beauté

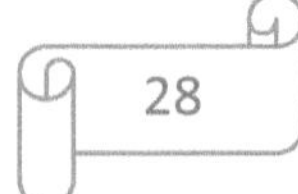

Si l'eau est aussi importante pour les poissons

Si la nourriture est si importante pour les nourrissons

Pourquoi pas toi,

Un être aussi spécial et magnifique

Avamélone, Veliône, les tueuses

Vous êtes des traineuses

Oh Avamélone, ma princesse aux lèvres douces-amères

Si souples, si fades comme un ver

Oh Avamélone, ma déesse à la beauté sensible

Tes sentiments sont clairs et lisibles

Aux yeux de mon amour

Mes sentiments sont-ils morts dans ton histoire d'amour

Tu t'es échappée tout doucement comme une eau entre mes doigts

Tu as disparu sur le chemin de ma voie

Oh Avamélone, le berceau de mes sensuels

Depuis un certain temps, tu n'étais plus visuelle

Alors mes larmes ont coulé

Mes yeux ont pleuré

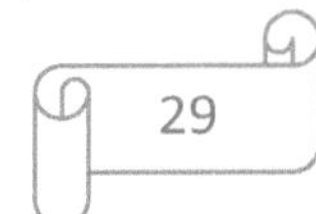

Disant : ô Avamélone ! La chaire de ma chaire

Les os de mes os, ma chère

Ô Avamélone, je le savais, je savais qu'il était temps

Tu m'as manqué tout ce temps

Mes murmures étaient si silencieux

Et mes pleurs si cafardeux

J'ai même pensé que tu étais la plus belle fille de tout l'univers

J'ai cherché ta beauté sur toute la terre

Mais nulle n'était belle comme toi

Car tu comptais pour moi

Mais maintenant que tu n'es plus rien pour moi

C'est comme si tu n'avais pas existé pour moi

Tu es même devenue la plus laide du monde

Tu n'es plus cette blonde

Que j'aimais au temps passé

Oui d'aucuns disaient que l'amour que j'avais pour toi était irréel

Et même si tu veux, raconte que rien de mon côté n'était réel

Mais seul mon cœur le savait

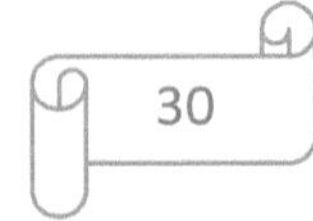

Seul mon cœur le cogitait

Seul mon cœur savait qu'il te portait à la cime de ses sentiments

Souvent et même des moments

Je pensais seulement qu'à toi

Je ne rêvais qu'à toi

Je t'aimais à la plus grande cime de mes pensées

Mais aujourd'hui, je suis plus aisé

J'ai dû tuer en moi cet amour

J'ai dû assassiner en moi se soit disant amour

Pour qu'à jamais je vis à l'aise

En tuant dans ma conscience se soit disant sentiment

J'ai laissé emporter ce sentiment par le vent

Avamélone, tu as semé dans ma mémoire un mauvais souvenir de toi

Toi, Veliône, pourquoi ton cœur est si noir que le charbon de bois

J'ai mis à ta recherche, des bandes d'incapables

Ceux-là même qui ont tué en moi le désir

Or Malina, à la lumière de ta beauté

Marche le désir de mon amour si envouté.

Malina, une fée inoubliable

Depuis le premier jour que mon cœur a déshabillé ton charme du regard

Je n'arrive plus à être loin de ton regard

Je t'aime comme je n'ai jamais aimé

L'amour que j'ai pour toi

Est tellement grand que je ne peux vivre sans toi

Malina, s'il y a un visage

Que j'aimais tant revoir

S'il y a un moment que j'aimerais tant revivre

S'il y a un rêve que j'aimerais tant faire

C'est bien toi,

Tu as été le plus beau cadeau de ma vie

Tu as été le plus beau rêve de ma vie

Ma vie a toujours été agréable à tes côtés

Eh, Malina, ma belle fée

Toi qui m'attire par ton joli regard

Ton regard est un aimant qui conduit mon cœur

Au paradis de l'amour

Tes yeux m'inspirent l'amour

Et m'élèvent jusqu'au ciel

Ton regard est comme une flèche

Que tu as projetée au fond de moi

Maintenant mon cœur est atteint de ton amour

Tu me rends fou avec ton simple regard

Depuis le premier jour que je t'ai connue

Tu as fait rentrer le soleil dans ma vie

Je croyais que je n'étais pas programmé pour aimer

Mais depuis notre première rencontre

Je me suis senti dans l'amour

Je t'ai aimé dès le premier jour que nos regards se sont croisés

L'on me dit qu'un jour l'amour que j'ai pour toi pourrait

disparaître de mon cœur

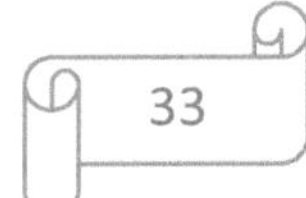

Je lui répondis que cela pourrait être possible quand :

« La neige sera noire et que la mer se videra de son berceau ».

Et maintenant ;

Elle pleure dans mon cœur

Comme toujours, la voix de ma bien-aimée

Cette douce et tendre voix

Qui murmure au fond de mon cœur

Cette voix qui me dit sans cesse

Je t'aime de tout mon cœur

Cette voix qui sait tant caresser

Je l'adore quand elle murmure au fond de mon cœur

Elle pleure dans mon cœur

Comme toujours, la voix de ma bien-aimée

Cette adorable voix

Qui me fait tant rêver

Ses larmes si chaudes et fascinantes

Qui coulent dans les veines de mon cœur

Si douces quand elles coulent

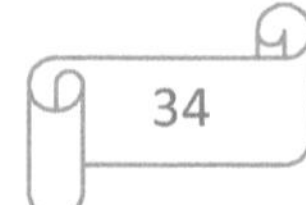

Humm ! Qu'elles sont si fascinantes !

Tes baisers sont si doux

Ta voix est si douce comme du miel

Malina, tu es la plus douce fille que je n'ai jamais vue

Tu as la plus douce beauté que je n'ai jamais connue

Tu as les plus belles lèvres du monde

Ta douceur est incomparable

J'adore ce beau corps bronzé qui caresse mes nerfs

Quand elle se déshabille

J'adore ce doux gémissement qui m'inspire tant de plaisir

J'adore ces douces lèvres qui flânent sur les miennes

J'adore ces charmants doigts qui me caressent au sens de poils

J'aime ce joli regard d'amour

Et ces doux yeux d'amour

Tes murmures sont si doux qu'ils me manquent toujours

Tes deux adorables boules de sein

Me font vibrer le corps

Je n'ai jamais su que tu étais vierge

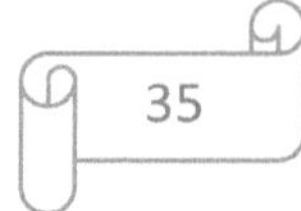

Jusqu'au jour où j'ai niqué ta boite à plaisir

Elle était tellement douce

Que j'ai fini par craquer dedans

Humm, si doux que je ne voulais point me retirer ;

Elle me dit, j'ai peur

De quoi as-tu peur, lui demandai-je

J'ai peur de tomber enceinte, me répondit-elle

M'aimes-tu ? Lui demandai-je

Oui, mon amour, je t'aime de tout mon cœur

Alors ne crains aucun danger

Ok, c'est compris, me répondit-elle

Je lui pris dans mes bras

Puis je la serrai fort contre ma poitrine

Je sentis des larmes chaudes coulées sur mon épaule

Je jetai un triste regard

Et je vis ses larmes coulées à la taille de ma poitrine

Elle prit son habit et les essaya tristement

En me demandant :

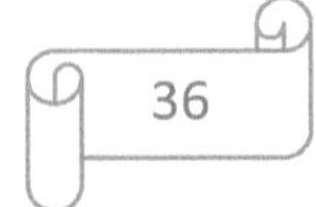

Est-ce que tu m'aimes de tout ton cœur ?

Oui, lui répondis-je

Alors enceinte-moi

Je fus quand même étonné d'entendre cela

Car il n'y pas une minute

Quand elle me disait qu'elle avait peur être enceinte

Oui, mais maintenant je veux ! Me dit-elle

Cette fois-ci, elle me prit dans ses bras

Ensuite elle ôta son vêtement

Puis me fit téter ses seins

Humm, ils sont à toi, mes seins

Dis-moi qu'ils sont beaux

Je ne peux pas nier

Tes seins sont vraiment charmants

Je pris au bout du doigt un de ses seins

Puis je commençai à jouer avec ses mignonnes boules

Au bout d'un moment, elle se mit sur ma poitrine

Puis me dit continue sans arrêt

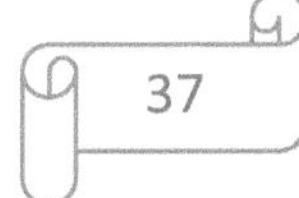

Encore ! Encore ! Encore ! Encore ! Encore !

Je sentis la température de son corps s'augmenter

Elle me dit, ôte ton habit, que je sente ta chaleur

J'ôtai mon habit, et elle saisit ma poitrine

Je continue encore et encore à stimuler ses seins

Elle prit une de mes mains

Une fois entre ses jambes

Elle me fit signe de la pénétrer avec mes doigts

Cependant mon kiki mourait d'une folle envie de la pénétrer

Je la pénétrai avec un doigt

Mais s'était coincé, elle me fit encore signe

En disant : je suis encore vierge

Ah, comme c'est beau à entendre ça !

Je n'ai jamais connu une vierge

Comme pourrais-je savoir comment la prendre ?

Elle me fit un regard pathétique

Je compris qu'elle était aussi ignorante dans la matière

Elle enleva sa main sur ma poitrine

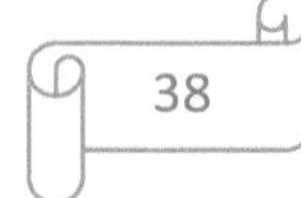

Puis la posa à la taille de mon pantalon

Elle fit descendre ma fermeture éclaire

Ensuite, elle mit sa main puis saisit mon zizi

En disant : je suis prête, vas-y !

Je m'y introduis tout doucement en elle

L'entrée me fut problème,

Mais une fois ma peau prit contact de la sienne

Je me mis à craquer

Ensuite, je devins faible comme un enfant dans sa main

Je me couchai puis elle s'adossa sur moi

Elle m'embrassa, le baiser était tellement doux

Qu'il m'excita encore

Je la renversai tendrement puis je me couchai

A mon tour sur elle, et je mis encore

Mon doigt dans son abricot fendu

Elle me regarda d'un air doux

Elle devint faible dans ma main

Une température corporelle toujours

Supérieure à 37°C

Après avoir essayé un doigt

Elle me dit ensuite d'essayer deux doigts

C'était difficile, mais une fois réussi

Je pouvais maintenant m'introduire

Je mis ma queue dans sa boite à plaisir

Je faisais des va et vient

Des gémissements prenaient de plus en plus de l'ampleur

Je pensais que je lui faisais mal

Alors je voulus arrêter

Mais elle me dit continue, cette fois-ci,

Vas encore plus loin

Elle me serra très fort entre ses jambes

Puis me prit entre ses ongles

Elle me serra fortement avec ses ongles

Car le plaisir devenait de plus en plus intense

Je sentis aussi cette intensité de plaisir

Elle s'accrocha follement à moi

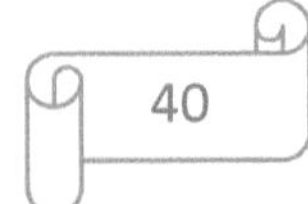

Et je lui donnai du plaisir

J'adore le plaisir,

J'adore donner du plaisir à ma douce colombe

J'aime cette douce fleur,

J'adore quand elle gémit pendant que je lui fais l'amour

Ma douce Malina a des yeux qui pleurent sans larmes

Malina était la plus douce fille que je n'ai jamais vue

Après sa disparition

D'aucuns me disaient de l'oublier

Mais comment pourrais-je l'oublier

Je l'aime plus que tout au monde

Je ne peux faire une seconde sans penser à elle

Je vous avoue, elle est la plus romantique fille

Que je n'ai jamais vue de ma vie

Ni entendue parler

Je ne peux jamais songer à l'oublier

Tu l'aimes comment ?

C'est une des questions à laquelle

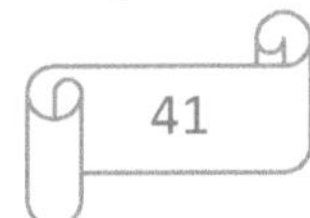

Je n'ai jamais su répondre

En fait, je ne sais comment expliquer

Malina m'a vraiment rendu amoureux

J'étais fou amoureux de Malina

Il arrive des moments où j'entends sa voix

A travers le vent et les nuages

Ah Malina, lorsque je reste seul

Je revis encore nos actions passées

Je n'ai jamais perdu de vue ta première lettre

Que tu m'as envoyée ; lorsque tu disais :

"Je suis juste une histoire comme ça !

Je suis juste une fille comme cela !

Et toi, regarde-moi"

Ces paroles m'ont tellement plu

Que je les ai écrites dans mon cœur

Notre dernière rencontre s'est tellement

Vite écoulée que je ne me souviens plus de la scène

Je me souviens d'une seule chose

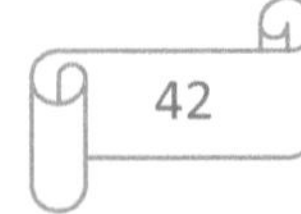

C'était il y avait neuf mois

Lorsque nous étions assis dans votre salon

Tu pris dans ta main mon zébi

Tout en ignorant que ton père allait faire son entrée

Et ce fut ainsi la base de notre rupture

La dernière fois quand ta grande sœur avait su

Que nous couchions ensemble, elle n'était pas certaine

Donc elle mit une enquête sur pied

Pour pouvoir vraiment voir avant de croire

Hélas, tu étais tellement amoureuse

Que tes sentiments ne sautaient aux yeux de personne

Ce même soir, tu avais voulu que je couche avec toi

Dans votre salon à l'absence de tes parents

Lorsque je refusai, tu te mis à pleurer

Disant que je ne t'aime plus

C'est pour cette raison que je ne voulais pas

Pourtant c'était pour éviter les ennuis

Mais comme je ne voulais pas te vexer

J'acceptai de t'embrasser bien que ta grande sœur était là

Ce fut ainsi que ta grande sœur se rendit compte

Qu'il y avait quelque chose d'intime entre nous

Je ne t'accuse pas, car moi aussi

Je me suis laissé emporter par le courant d'amour

Je pouvais le refuser, mais pourquoi....

C'était la dernière fois, la dernière nuit,

La dernière rencontre où je touchai à ta chatte

Certainement j'avais moi aussi besoin de ça

Ta douce cramouille m'a rendu accroc

Je ne peux vivre loin de ta présence

Comme c'est malheureux

On ne peut choisir celle dont on tombe amoureux

C'est une histoire de cœur

La présence de ma bien-aimée fait palpiter mon cœur

Telle l'agitation du vent dans les feuilles vertes

L'amour m'a mis les larmes aux yeux

La lame de l'amour a fait saigner mon cœur

L'amour fait toujours une héroïne pathétique

M'expliquait un de mes amis

Une pathétique histoire qu'il avait vécue, en m'expliquant ;

Chaque parole qui sortait de sa bouche versait mes larmes

Disant qu'il avait fait une belle rencontre avec une belle fleur

C'était horrible lorsqu'il me laissait entendre leur conversation :

- « Ok, j'accepte de coucher avec toi mais à une seule condition !

- Laquelle ?

- Promets-moi que tu ne vas pas jouir pendant le rapport sexuel.

- Mais pourquoi ?

- Comme ça, je suis sûre que tu ne vas jamais m'oublier.

- Ce n'est pas possible.

- Si, c'est possible !

- Comment ?

- Alors, si tu n'es pas capable de respecter ma demande, n'essaie même pas de me toucher

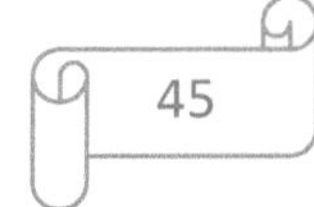

-Tu ne vas quand même pas me faire ça ?

-Si, c'est pour voir si vraiment tu tiens à moi

-Ok, j'accepte ! »

Je fus quand même étonné d'entendre qu'il a accepté

Comme ça, tu as accepté ?

Oui, me dit-il

Et comment s'est-il terminé ; lui demandai-je

J'ai fini par craquer, j'ai jouis en elle

Et cela s'est terminé par une paire de gifle sur mon oreille gauche

En disant : « Orrh putain !!! Tu as osé !?

Elle est partie, et n'est plus jamais revenue chez moi

Parce que j'ai craqué

Je l'ai beau expliquer que je ne pouvais pas me retenir

C'est pourquoi j'ai craqué

Mais elle ne voulait rien comprendre

Ce n'est pas de ma faute, c'est le haut niveau

J'étais arrivé à un niveau où je donnerais même ma tête

Pour ce petit instant,

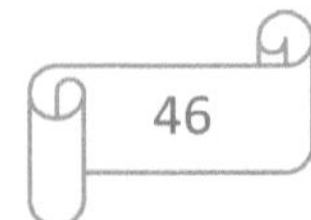

Là tous les garçons le savent ; ou bien les Gars ?

Il n'y a jamais eu de feu sans fumée

Je l'aime et elle est partie, c'est parce que je l'aime que je l'ai perdue.

Aujourd'hui, Il a plu

Le temps est beau

Les hirondelles vivent leur joie auprès de leurs nids sous les ponts

Aujourd'hui, il a plu

Le temps est beau

Les grenouilles festoient au-dessus de leurs habitats au bord des rivières

Et moi,

Quand il pleut,

Et que le temps est beau

Que fais-je sous mon drap

N'est-ce pas mes yeux qui crèvent de tristesse et de pleurs ?

Printed by Books on Demand GmbH, Norderstedt / Germany